京急電鉄

～1990年代以降の写真記録～

山内ひろき

京急の一大主力形式であった旧1000形は1958年から1978年にかけて356両製造され、すべて電動車で製造された。また運転台の有無に関わらず、すべての形式がデハ1000形となっていた。このため単一形式で私鉄最大製造数を誇っている。なお私鉄最大の製造両数は東武鉄道の8000系の712両である。余談だが、1000形が全車両揃っていたのはラストナンバーが落成した1978年から最初の廃車が発生した1986年までの8年ほどであった。◎品川～北品川　撮影：木村優光

.....Contents

品川駅を発車する新1000形。奥には東海道新幹線東京運転所跡地に建設された品川インターシティがみえる。この付近の京急の高架線は今の品川駅に移転した1933年から使われているものであるが、2029年度完成を目標にこの付近を高架から地上に移す工事が行われている。京浜電気鉄道時代から長らく使われてきたこの高架橋も残り僅かとなった。
◎品川　2017（平成29）年10月27日

＊本書には1970年代〜80年代の写真も一部含まれています。

京急本線

1500形は1000形の老朽化置き換えを目的に1985年に登場した3扉ロングシート車で、京急初の両開き3扉車となった。また都営浅草線や京成線への乗り入れを前提として旧1000形以来久々の先頭車前面に貫通扉を設置した新形式でもある。1985年から1993年にかけて4・6・8両編成166両が製造された。◎品川～北品川　撮影：松村紘平

2002年2月に登場した新1000形。当時はまだ旧1000形が現役で活躍していたが、車番の重複がないことから形式名称は同じ1000形とされた。車体はアルミ合金製とステンレス製があり、前面形状や車体外板塗装方法、内装など同じ形式とは思えないほどバリエーションに富んでいる。当初は旧1000形や700形を置き換えていたが、現在まで増備が続き800形や2000形、1500形までも置き換えていき京急の主力形式となっている。◎品川～北品川　2019（令和元）年5月3日

1500形は国鉄205系、211系、東急9000系、京王7000系、営団01系などとほぼ同時期に登場しており、京王7000系を除けば当時流行りのブラックフェイス車両であった。主回路システムには800形や2000形から引き続き、界磁チョッパ制御が採用されたが3両1ユニットから2両1ユニットへと変更されている。マスコンはT字形ワンハンドルマスコンを京急として初めて採用している。◎品川～北品川　2020（令和2）年10月31日　撮影：山田一輝

京急創立100周年の1998年に登場した2100形は2000形の後継となる京急の新たなフラッグシップ車両。21世紀へ向かう車両という意味も込めてつけられた。アルミ合金製で、8両編成10本を製造され、前面形状は600形と同じ形状。編成構成も600形4次車と同じ2両1ユニットで4M4Tの8両固定編成。4両の付属編成は製造されなかったため、12両での運転時は必ず他形式を併結される。また600形と同じくブルーリボン賞の受賞を逃している。
◎品川〜北品川　2015（平成27）年10月24日

京急へは他社の車両も乗り入れている、その一つが京成電鉄3000形。日車ブロック工法で作られた軽量ステンレス車両で、京成グループの標準車両として2003年に登場した。6両編成と8両編成があり、このうち8両編成のものが乗り入れてくる。またそのために両先頭車が電動車となっており、これは京急に入らない6両編成も同様で、編成番号も両車区別なく振られている。◎品川〜北品川　2016（平成28）年12月28日

普通用の400形、500形の置き換え用のとして1978年12月27日に営業を開始した800形（2代目）。その見た目から"だるま"の愛称で親しまれた。なお初代800形は旧1000形の試作車として登場した。京急初となる界磁チョッパ制御や回生ブレーキなどを盛り込み、普通車での使用を念頭に低速から中速域での加速性能を重視した設計。3両編成で登場し、普通から急行や特急運用まで幅広く活躍した。◎品川　2015（平成27）年1月4日

1993年に登場した京成電鉄3400形は見た目はステンレス車体の3700形によく似ているが、車体は普通鋼製で外板塗色も無塗装ではなく青みがかったライトグレーの「アクティブシルバー」となっている。初代AE形の走行機器類などを利用し書類上も同車からの改造であるが、京急乗り入れのため初代AE形では制御不随車であった両先頭車を制御電動車へと変更されている。◎立会川〜大森海岸　2014（平成26）年4月7日

1994年に旧1000形置き換え用として登場した600形は京急初の3扉クロスシート車として88両製造された。また600形という形式は京急で3代目となった。この形式から前面のアンチクライマーが無くなっている。写真の2編成は共に1996年に製造された4両編成で登場時は前面のワイパーカバーに600という切り抜き文字は入ってなく、カバー上部の黒フチも太かったが、更新工事の際に文字を切り抜いた現在のカバーに交換され、黒フチも細くなった。
◎大森海岸～立会川　2016（平成28）年3月16日　撮影：志塚太郎

700形以来11年ぶりの新形式として登場。700形と同じく普通用として設計された800形は片開き4扉車であるが、4両
編成では半端ということで3両編成を基本とし、ラッシュ時は6両で運用。加速をよくするため全M車で登場した。
700形に基本的な考えは似ているが、新しい設計の電車となっている。
◎北品川〜新馬場　2014（平成26）年4月10日　撮影：フジモリケイタ

800形の従来のイメージから大きく変わった塗り分けは、KHK赤をベースに窓周りに白系統の幅の広い帯をあしらったもので、11年ぶりの新形式をアピールしている。当初はKHK赤をベースにKHK白があしらわれていたが、807編成からはKHK白がKHKクリームに変更された。しかし、2000形が登場するとこの塗り分けは優等車両用の塗色とされ、800形はKHK赤をベースにKHK白の細帯に変更された。なおこの塗り分けは近年、京急の標準塗色となっている。写真は復刻時のもの。◎平和島　2019（平成31）年4月4日

京急初のカルダン駆動車として登場した1956年に登場した700形。当初デハ700、デハ730、デハ750、デハ780と4形式があったが、1966年4月に全てが2代目の600形に改番され、通しで車番が振られた。主に優等列車を中心に運用され、2000形に置き換えられる形で1986年までに全車廃車された。廃車後6両が高松琴平電気鉄道に譲渡され1070形として現在も4両が活躍している。◎京浜蒲田（現・京急蒲田）　1982（昭和57）年11月3日

多摩川の最下流域のことを地元では六郷川と呼ばれている。京急の前身である京浜電気鉄道がこの川を渡ったのは1901年2月であった。当時は六郷道路橋の上流方に木造の仮橋を架橋したそうだ。完成の数年後に流出した仮橋の代わりに1911年に全長515.897m上路プレートガータ橋24連の先代の六郷川橋梁が完成する。その後、この橋を架け替えたのが現在の六郷川橋梁で全長が550.56m。旧橋梁の上流川10.5m地点に下路ワーレントラス橋8連で架橋され1972年に完成した。◎六郷土手〜京急川崎　2016（平成28）年10月26日　撮影：タナカヨシタケ

2100形は更新工事前の2008年から機器更新工事が行われ、制御装置がシーメンス製のGTOサイリスタから国産の東洋電機製のIGBT素子へ変更となり、主電動機も同じく改められた。これにより2100形の特徴のひとつであった音階を奏でなくなった。また更新工事は2013年から実施され、施工編成には識別のため「けいきゅん」のステッカーが前面非常扉部分に貼られている。写真は六郷川橋梁と羽田空港だが、六郷川を渡ってから羽田空港に向かう2100形運用は早朝に数本設定されている。◎京急川崎～六郷土手　2020（令和2）年4月24日　撮影：小西隆博

2016年3月に登場した新1000形ステンレス車体の貫通形タイプで1800番台となった。4両編成だが、2編成を連結し貫通幌で繋げることで8両編成として浅草線にも直通できる。貫通形になった以外は基本的にはステンレス車体のものと一緒だが、ドア枠や窓枠などを除いて全面ラッピングをすることで赤い電車のイメージを高めた。4両編成3本が登場した。この貫通形はその後、2022年ブルーリボン賞を受賞した1890番台「Le Ciel」でも採用されている。また京急線内のみのエアポート急行などで8両運行する際は幌をつなげず運行される。◎京急川崎～六郷土手

「HAPPYになる電車」をコンセプトにたまにしか走らない電動貨車「デト」が「しあわせの黄色い電車」として隠れた人気車両となっており、沿線にも幸せを広めたいという思いから、乗車できる「幸せを沿線に運ぶ電車」をコンセプトに2014年5月1日から運行を開始した「しあわせの黄色い電車（KEIKYU YELLOW HAPPY TRAIN）」。新1000形1057編成が充てがわれ、当初は2017年までの運行予定だったが、期間が延長された。◎京急川崎～六郷土手

旧1000形は1959年に都営1号線（現・都営浅草線）乗り入れに対応した車両として登場した。初めに製造された4両固定編成12両は前面非貫通の湘南窓のスタイルであった。また1000形の登場に先立ち試作車的に登場した800形（初代）も似たような非貫通型の前面形状であった。こちらは直通車両の規格に基づき最初に登場した形式で、2両編成2本が登場。後に1000形へ吸収されている。◎京浜川崎（現・京急川崎）　1976（昭和51）年

1961年には前面貫通扉付きが登場した。しかし行き先方向幕などがないスッキリとした外観であったが、1966年頃に前面窓内に種別や行き先表示器が設置された。1964年から製造されたデハ1131号以降の車両からは種別や行き先表示器が前面窓とは独立した形で設置され、1000形前面形状の完成形ができあがった。写真は京浜川崎駅へ入線する三崎口行きの快速特急。◎京浜川崎（現・京急川崎）　1977（昭和52）年

京急川崎駅とJR川崎駅は200mほど離れた位置に位置している。また川崎駅付近の京急本線と東海道本線はある程度の距離を保ちながら、並行して敷設されているため京急本線の高架橋がJR川崎駅前にある川崎駅東口バスターミナルの中にあり、京急が颯爽と駆け抜けていく様子をみることができる。
◎京急川崎〜八丁畷　2023（令和５）年１月28日　撮影：山内ひろき

1986年に京浜川崎駅に設置された反転フラップ式列車発車案内装置。変更時の稼動音からパタパタとも呼ばれた。他社線でも数多く使われていたが、LED式の発車標が主流となり、徐々に撤去されていった。京急では視認性に優れることから遅くまで使われてたが、徐々にLED式に変更され、最後まで残ったのが京急川崎駅のもので京急のみならず関東で使われた最後の駅となった。これも2022年2月にLED式の発車標に交換され撤去された。
◎京急川崎　2022（令和4）年1月24日

旧1000形の運転台。京急ではブレーキが電気指令式ではなく残った最後の形式であった。メーターパネルに貼ってある「自動戸閉切放装置」とはホームの両端が踏切のため、4両分ほどしかホームがない梅屋敷駅で浦賀方2両のドアを締め切るドアカット装置である。現在は高架化されたため1500形や新1000形からも撤去されている。
◎2010（平成22）年6月7日

京急創立120周年を記念して2018年2月25日から運転が開始された「京急120周年の歩み号」。4両編成の1両ずつに大正時代から現在に至るまでの歴代京急車両カラーリングを再現したもので、1500形1521編成にラッピングされた。手前から1978年〜現在（2000形や2100形など）、1953年〜現在（初代600形や1500形など）、1951年〜1963年（500形など）、1924年〜1965年（デ51形）となっている。手前から2両目の塗色は本来1500形が纏っている色のためこの車両だけラッピングされていない。主に大師線で運転された。◎鶴見市場〜京急鶴見　2018（平成30）年5月4日

2013年8月から2016年6月にかけて1500形1600番台電動車の1500番台化が行われた。これは1600番台を新1000形の新造車へ明け渡すためで、デハ1601〜デハ1654号はデハ1561〜デハ1596号へと順序を崩さずに改番された。この改番はVVVF化による電動車の付随車化改造が無ければ成立していなく、また改番で空いた車番は直後の2016年11月から新1000形1601編成が使用している。写真は改番真っ只中の京急鶴見駅。左から改番後のデハ1564（元デハ1606）号、改番前のデハ1624号、元々の車番のまま改番されないデハ1548号。◎京急鶴見　2014（平成26）年5月11日　撮影：五井勝雪

京急鶴見〜花月総持寺で離合する2100形と1500形。600形以降の標準的な前面形状となっている2100形と600形以前の1500形では前面下部のアンチクライマーの有無や前照灯や標識灯類の配置や非常用貫通扉の位置など大きく印象が変わったことがわかる。◎京急鶴見〜花月総持寺　2021（令和3）年7月17日　撮影：大澤一重

800形と同世代の通勤形車両は201系、札幌市交通局3000形、小田急5200形、新京成8000形、北総7000形、名鉄100系や京阪2600系などがあるが、いずれも両開きドア車だった。しかし、京急では「乗降時間は扉数で決まる」「両開きによる複雑化とコストアップ、保守増加を避ける」などから片開き4扉にこだわった。
◎京急鶴見　2018（平成30）年12月10日　撮影：石川勇治

1971年には京急初の新製冷房車が登場し、1978年までに旧1000形2両編成1本、4両編成12本、6両編成5本、8両編成7本が製造された。集中式冷房装置を備えたこのグループはモーター出力も今までより増強されている。また旧1000形のラストナンバーもこのグループであった。なお京急最初の冷房車は600形（2代目）で車体更新工事に合わせて設置された。◎生麦〜花月園前（現・花月総持寺）　1983（昭和58）年9月4日　撮影：三本木耕作

非冷房車で登場した旧1000形の冷房化改造は1976年から実施された。まず改造されたのは1179編成であった。新製冷房車と冷房改造車の見た目上の大きな違いは集中式冷房装置と分散式冷房装置で、冷房改造車は分散式で屋根に4基の冷房装置が載っている。また内装も新製冷房車に準じたものに更新が行われた。写真は新製冷房車。
◎子安〜京急新子安　2008（平成20）年7月15日　撮影：フジモリケイタ

登場から15年を目安に行われている更新工事は1500形では2001年より普通鋼製車の1517編成から施行され、アルミ車と仕様を共通にしてメンテナンス性を上げるために戸袋窓が埋められた他、スカートが設置された。続いてアルミ車にも実施され、車内の座席が片持ち式に変更されるなどした。◎新町検車区　2017（平成29）年11月26日　撮影：宇野仁志

1982年に2扉のクロスシート車として登場した2000形は、それまで長らく京急の花形列車である快速特急運用などで活躍したクロスシート車の600形（2代目）の置き換え用として登場した。主に快速特急で活躍し、スピード感あふれる車体デザインや2扉クロスシートが評価され、1983年の第26回ブルーリボン賞を受賞している。
◎神奈川新町　2015（平成27）年10月15日

他車の新車が2灯式のヘッドライトを多く採用する中、京急では1灯式ヘッドライトを依然続けていたが800形が採用した最後の新形式となった。初期の編成ではヘッドライトの形状が丸型のシールドビームであったが、808編成で角型を使用し、813編成以降の編成は角型シールドビームで落成した。その後、すべての編成で角型に変更されている。
◎神奈川新町　2015（平成27）年10月5日

2000形では長らく京急ではありえなかった両開きドアと前照灯の2灯化が初めて採用された。また800形開発時にボツになったデザインの1案がベースとして採用され、様々な事情で採用できなかった前面左右非対称のデザインも採り入れられている。車内は固定式のクロスシートで、車端部を除き車両中央で向かい合わせとなる集団見合い式となった。また座席配置など特徴的な部分を除けば800形との共通点が非常に多い。◎神奈川新町　2015（平成27）年10月5日

下回りは界磁チョッパ制御車で3両1ユニット構造になっているなど、先に登場した800形がベースとなっている2000形。異なる点としては快速特急運用主体のため高速域での走行性能を意識したものとなった他、中間の4・5号車は付随車として8両固定編成になった。また増結用として4両固定編成も登場したが、こちらも中間車1両が付随車となっている。◎神奈川新町　2015（平成27）年10月5日

地下鉄には入線しない地上専用車であることから非貫通車として設計された800形。そのため前面デザインの段階では当時まだ珍しかった201系のような前面左右非対称を予定していたが、様々な理由により左右対称のデザインに落ち着いた。写真の新町検車区は1953年に輸送力増強のために開設され、神奈川新町駅に隣接した京急本線と東海道本線に挟まれた場所にある。隣にはJRの鎌倉車両センター東神奈川派出所も設置されている。
◎新町検車区　2017（平成29）年11月26日　撮影：宇野仁志

汎用性が高く、アルミ車体やVVVFインバータなど京急初採用の装備も多かった1500形だが、既に登場から30年以上経ち2021年からは新1000形による置き換えもはじまり、脱線事故以外で初めて廃車が発生した。旧1000形を置き換えるべく登場した1500形であったが、自身は新1000形に置き換えられる形となった。写真は新町検車区にて新1000形と並ぶ1500形である。◎新町検車区　2019（令和元）年10月20日　撮影：御地蔵念佛

600形には4両編成と8両編成があるが、最初に製造されたのは8両編成だった。登場時はワイパーカバーがイロンデグレーで塗られており印象が大きく異なっていたが、1995年7月にアイボリーと黒細ラインのものに交換された。その後の流れは前述の通りだ。車内は基本的にクロスシートで一部座席では通路側を折りたたみ立席定員を確保できるツイングルシートいう可変式クロスシートが設置された。◎新町検車区　2017（平成29）年11月26日

新町検車区にて1500形と新1000形が並んだ。新1000形は2002年から2022年までに492両が製造され、一時期京急で最も両数の多い形式だった旧1000形の356両を大きく超える両数が作られた。このため2023年初頭時点での京急の車両在籍比率としては約6割がこの新1000形となっている。また次点は1500形で約2割となっている。
◎新町検車区　2020（令和2）年10月24日

800形は1994年から更新工事が実施された。最初に対象となったのは3両編成で残っていた初期車10本で、それぞれ2編成を合わせて貫通6両固定編成に改造するものだった。この際に連結して中間となる先頭車は車体形状そのままに前面窓、乗務員扉埋めや運転台撤去客室化、貫通路設置が行われた。また800形の冷房装置は先頭車が分散式、中間車には集中式が設置されたいるが、中間車化改造された元先頭車両はそのまま分散式で残された。この工事により800形は6両編成22本となった。◎神奈川〜仲木戸（現・京急東神奈川）　2010（平成22）年3月28日　撮影：フジモリケイタ

6両編成で登場した1500形1600番台であったが、1989年には8両固定編成と6両編成を8両編成化するための1500形初となる付随車サハ1900形2両を組み込んだ。浅草線直通車両としては初めての付随車となり、この年から1500形による浅草線直通運転が開始された。◎仲木戸（現・京急東神奈川）〜神奈川　2016（平成28）年12月10日　撮影：木村優光

1986年には6両固定編成の826、827編成が製造された。これにより800形の製造は終わり3両編成10本と6両編成17本の総勢132両となった。当初奇数両編成で製造されたため、他形式のような2両1ユニットではなく、3両1ユニットで構成されており、これは6両固定編成になっても変わっていない。
◎仲木戸（現・京急東神奈川）～神奈川　2016（平成28）年12月10日　撮影：木村優光

日中の快速特急運用はほぼ2000形で運用された時代が長らく続き、1988年の京急創立90周年記念の「さわやかギャラリー号」や1992年からは夕方上りラッシュ時間帯の着席保証列車として運行が開始された「京急ウィング号」でも使われ、まさに京急のフラッグシップ車両として活躍していたが、1998年の2100形登場により快速特急運用から外されることとなった。◎仲木戸（現・京急東神奈川）～神奈川　2016（平成28）年12月10日

京急で最も乗降客数の多い横浜駅に京浜電気鉄道が延びたのは1929年のことで前年に横浜駅自体が現在の場所に移転した直後であった。当初は京浜線工事（京浜東北・根岸線）の関係で乗り入れできず駅のすぐ東側の月見橋付近に仮駅が設置され、翌年にようやく駅まで乗り入れている。また京急とJRのホームは並んで設置され、ホーム番線がJRと京急共通で振られており、1・2番線が京急、3〜10番線がJRとなっている。◎横浜　2023（令和5）年1月28日

高輪～横浜の京浜電気鉄道と黄金町～浦賀・金沢八景～湘南逗子の湘南電気鉄道は両社間で直通運転をするため1931年に12月に京浜電気鉄道が横浜～日ノ出町、湘南電気鉄道が黄金町～日ノ出町を開業させ、1933年より直通運転を開始した。写真は横浜駅を発車してすぐ帷子川を渡る1000形の快特三崎口行。背後には相模鉄道横浜駅の上にある相鉄ジョイナス・高島屋がそびえる。◎横浜～戸部　2023（令和５）年１月28日　撮影：山内ひろき

京急初の車番にハイフンが付く形式として登場した800形。設計時は2000形と仮称されていたこともあったが、京急創立80周年から800形と名付けられた。営業運転もなんとか80周年の1978年のうちということで12月8日に落成し入線したが初めて尽くしの車両にしては異例の早さで12月末から営業運転を開始した。1979年のローレル賞を受賞している。
◎南太田〜黄金町　2016（平成）年5月12日

1978年から1981年にかけて、まず3両編成25本が製造された800形。3両編成ないしは併結して6両編成で運用されたが、1982年から1986年にかけて811編成から825編成に中間車3両を新造し、編成組み換えの上、6両固定編成化を行った。この中間車は813編成以降の仕様に合わせて1段下降式の窓のため、固定窓の811、812編成では両方が混在する編成となった。またホームが6両編成に対応していない梅屋敷駅対策でドアカット機能が追加されている。
◎黄金町　2012（平成24）年1月4日

住宅がひしめく丘陵地の谷間にある上大岡駅に到着する2100形快特品川行。上大岡は京急で横浜、品川に次ぐ3番目に乗降の多い駅だ。横浜市営地下鉄の乗り換え駅でもあり、バスターミナルも併設される駅ビル「ゆめおおおか」には京急百貨店も入居する。写真の辺りは上り線が1996年5月、下り線は1997年6月に高架化されている。また駅の北側はそれよりも早く1980年代後半に高架化された。◎屏風浦〜上大岡　2023（令和5）年1月28日　撮影：山内ひろき

2021年5月から運行を開始した1000形1890番台は京急初のL/Cシートやトイレなどが採用され、車内設備が一新された。2021年12月には「Le Ciel」という愛称がつけられ、普通からwing号まで幅広く運用されている。写真で離合するのは同じ新1000形だが、1890番台は1800番台と同じく中央に貫通路を設置したため前面形状が大きく異なっている。2022年には2000形以来のブルーリボン賞を受賞した。◎上大岡～屏風浦　2023（令和5）年1月28日　撮影：山内ひろき

旧1000形の登場時は前面形状が非貫通の湘南窓だったが、前面貫通扉がないと地下鉄線内に入線できないことから1969年から1973年にかけて前面貫通扉を設置する改造を受けている。この際に前面形状は当時製造していた旧1000形と同じスタイルにされたが、下部にあるアンチクライマーに非貫通時代の名残をみることができる。
◎弘明寺〜井土ヶ谷　1978（昭和53）年

800形では京急初のワンハンドルマスコンが採用され、既にワンハンドルマスコンが採用されていた他社の車両と異なり非貫通車であることからドラムスイッチを横置きとして運転士の足元を広くした。このように初めて尽くしの800形であったが、京急最後の扇風機付きや片開き車両になるなど時代の転換点に置かれた車両でもあった。
◎2018（平成30）年5月20日

鉄道業界では車体の無塗装・フィルム貼りのステンレス車両が主流だが、"京急らしさ"を取り戻すために2018年から運転が開始された新1000形17次車からは全面塗装に戻された。京急の新造車としては11年3ヶ月ぶりの全面塗装車で以降新造となる車両も同様の全面塗装となった。全面塗装となったのは6両編成が1613編成〜、8両編成が1201編成〜であった。ステンレス車の全面塗装は関東大手私鉄では初の試み（関西では過去に南海1000系が実施したが、無塗装に戻

っている。また関東では相模鉄道が直後の2018年12月に落成した12000系にヨコハマネイビーブルーを全面塗装してい
る)で、全面塗装とすることでカラーフィルムと異なり、光が当たったときに艶が強調されたり、洗車時に剥がれやすい
ことからフィルム貼り付けができなかったドア周りや窓枠まで塗ることができた。
◎能見台　2022（令和４）年４月５日

800形では側面内側の窓枠には現在では当たり前の存在となっているFRP製のものを日本の鉄道車両で初めて採用し、直後に設計されFRP製の内側窓枠が使われた200系新幹線電車などにも影響を与えた。また通勤形では薄緑色などの寒色系の室内色が多い中、薄クリーム系の色とし、これは他社の車両にも広まっていった。
◎京急富岡～能見台　2016（平成28）年12月18日　撮影：志塚太郎

ワイパーカバーに形式スリットを入れたのはこの2100形からで、1次車は当初は車号を入れていた。2次車ではスリットは形式となり車号は非常扉に標記された。3次車以降は非常扉に下2桁を標記する形となり、それまでの車両もこれに統一された。また前面下部の標識灯などは3次車まで当初は600形と同じ配置であったが4次車からは逆配置となり、3次車までもこれに変更された。◎京急富岡～能見台　2016（平成28）年12月18日　撮影：志塚太郎

戸袋窓も側面窓も統一感のある外観としてデザインされた800形だが、最初の4編成は側面固定窓と戸袋窓のガラスの大きさが同じだったため、取り付け器具の差で戸袋窓の方がやや大きかった。そのため805編成からは外見を同じ大きさに整えられた。また新製時から冷房化されていることから初期車は固定式側窓で登場し、813編成からは1段降下式に変更されている。801編成だけは熱線吸収ガラスを採用してカーテンを廃止した形で登場した。写真は1段降下式の817編成。◎金沢八景〜金沢文庫　2015（平成27）年5月22日

新1000形のアルミ合金車は4両編成12本と8両編成9本が製造された。車内は扉間がバケットタイプのロングシート、車端部は補助イス付きのクロスシートとなっており、この形態は2005年から行われた600形のロングシート化でも採用された。またこの編成はフルカラーLED式行先・種別表示器を本格採用した最初の編成だった。◎金沢八景〜金沢文庫　2016（平成28）年8月10日　撮影：小林正勝

1993年には1500形1700番台登場による編成組み替えが行われ、8両編成の界磁チョッパ制御車のうち3編成（1601編成、1607編成、1637編成）が対象となった。3編成は中間車のサハ1900形2両が1700番台へ抜き取られた後、1601編成には1607編成の中間車2両が組み込まれオール電動車の8両編成化、1607編成は4両編成化された。1637編成はそのまま6両編成への組み替えられた。◎能見台～金沢文庫　2016（平成28）年4月30日

京急初のVVVFインバータ制御車である1700番台は付随車2両を組み込んだ6M2Tの8両編成で起動加速度はオールM車の1500形と同じ3.5km/hであった。また付随車を組み込んだ8両編成の界磁チョッパ制御車は3.3km/hと低くなっていた。そこで1700番台の6両編成を製造し、1600番台と付随車をトレードすることで1600番台の加速度を元に戻す組み替えが行われた。しかしすぐに600形の製造がはじまったことから1993年に3本が組み替えられたのみとなった。◎能見台～金沢文庫　2017（平成29）年3月11日

2100形ではコスト低減と性能向上のために海外製の部品を多く採用しており、主制御装置や主電動機はドイツ・シーメンス、高速度遮断器はスイス・セシュロン、コンプレッサーはドイツ・クノールブレムゼ、座席はノルウェー・エクネス、座席の表地はスウェーデン・ボーゲサンズ、蓄電池はフランス・サフトなどとなっているが更新工事などで国産などに変更された部品もある。◎能見台～金沢文庫　2017（平成29）年3月19日

800形の更新工事は2002年まで続けられ、長期間に及んだことから同じ更新車でも細かな違いが生じた。また2016年10月には823編成が登場時の配色とするリバイバル塗色車となった。この編成は2017年2月頃に「京急ラブトレイン」、5月からは「PASMO10周年記念列車」などで使われ、2019年に最後の800形としてさよなら列車も担当した。このリバイバル塗装で登場時と編成長以外で大きく違う点は方向幕が黒地に白文字だったものが、白地に黒文字に変わった点や連結器の形状となっている。◎金沢八景～金沢文庫　2018（平成30）年3月18日　撮影：寺澤一憲

600形からはじまった貫通扉を左に寄せた前面形状はその後、2100形や1000形でも採用された。600形以外は登場時から
ワイパーカバーの形式切り抜きが施されていた。またこれ以外にも下部にある尾灯と標識灯の配置が逆になっていた
り、車番の表記など細かな違いが見られる。◎2012（平成24）年5月27日

左から2100形更新車、600形「京急ブルースカイトレイン」、1000形「京急ハッピーイエロートレイン」が並んだ。赤が
基調の京急であるが、2005年の京急ブルースカイトレイン登場以降、2014年の京急ハッピーイエロートレインなど特別
塗色車が増えていき、赤青黄と3色が揃うこともあった。◎2018（平成30）年5月20日

1000形と並んだ600形更新車。600形の車体は1500形に続くアルミ製で、外板塗色は800形、2000形に続くKHK赤を基調に窓周りをKHKクリームで塗り分けたものとなっている。登場時は行き先表示器が幕であったが、2014年末頃からフルカラーLEDに変更された。また、この605編成には2003年から一時期、架線検測装置が屋根上に取り付けられていたが現在は655編成に新しい検測装置が設置されたため撤去されている。◎2021（令和3）年7月18日　撮影：村上暁彦

2100形更新車と並ぶ600形京急ブルースカイトレイン。600形の京急ブルースカイトレインとなったのは最初のロングシート化工事施工車である606編成で2005年3月14日から登場した。この編成は更新工事とロングシート化が別に行われたため、登場時にはブルースカイトレインのロゴがワイパーカバー右下に配されていたが、更新工事時に切り抜き文字が配された関係でロゴ位置が変更されている。◎2018（平成30）年5月20日

京急には事業用や救援用の電動無蓋貨車が在籍している。そのうちの１両が写真のクト１形だ。制御付随車で旧1000形の廃車発生品を流用して1990年に２両が登場した救援車。１番は新町検車区に、２番は金沢検車区に配置され、救援資材の入ったコンテナを搭載する。車体はKHK黄の地色にKHK赤の細帯を巻く。旧1000形全廃により牽引できる車両がなくなったことなどから2011年３月までに２両とも廃車となった。
◎金沢検車区　2010（平成22）年５月30日　撮影：柳生鉄心斎

1988年に旧1000形の廃車発生品を流用して製造された電動無蓋貨車デト11・12形。車体色はKHK黄を地色にKHK赤の細帯を巻いている。週に2回ほど新町検車区と金沢検車区、久里浜工場間で資材運搬列車として運転されており、最も見かけやすい京急の電動無蓋貨車である。これ以外にもデト17・18形が久里浜検車区と新町検車区にそれぞれ1編成ずつ在籍しており、こちらは救援コンテナを荷台部分に積載している。
◎新町検車区　2022（令和4）年4月7日　撮影：小山勇太

2006年からは旧1000形6両編成を置き換えるため、界磁チョッパ制御車の8両編成と4両編成の1500形を組み替えて6両編成にする組み替えが行われた。その際に付随車を組み込む編成は加速力が不足することから、走行性能向上と省メンテナンス化を図るため組み替え全編成を対象にVVVF化工事が行われた。付随車を組み込む編成から順に行われ、オール電動車の編成では中間2両の付随車化も同時に行われた。また一部の取り外された機器は電動無蓋貨車の界磁チョッパ制御化へと流用された。◎追浜～京急田浦　2021（令和3）年9月19日　撮影：大澤一重

京急田浦〜安針塚で京急本線は横須賀線と交差している。背後に見える白い建物などは海上自衛隊横須賀基地田浦地区で自衛隊横須賀病院などがある。京急が横須賀線と交差するのはここ以外にもあり、逗子線の神武寺〜逗子・葉山と横須賀線はトンネル内だが、逸見〜汐入がある。◎安針塚〜京急田浦　2023（令和5）年1月28日　撮影：山内ひろき

横須賀市内の京急沿線は海まで丘陵が迫り、またその丘陵には谷戸と呼ばれる小規模な谷地が複雑に入り組んだ地形となっている。その中をできるだけ直線的に敷設したため、この区間は非常にトンネルが多く、京急本線には23のトンネルがあるが、そのうち14本が横須賀市内であるほどだ。写真の安針塚〜逸見の距離は1.1kmほどだが、4本のトンネルがある。◎安針塚〜逸見　2023（令和5）年1月28日　撮影：山内ひろき（2枚とも）

2022年11月のダイヤ改正では、これまで日中時間帯は快特が主体のダイヤであったが、快特と特急10分交互運行へと変更され、久々に日中の特急が復活した。また、この逸見の駅は両側をトンネルに挟まれており、この僅かな空間に分岐器を設置し、中央に通過線のある新幹線型の駅。また同じく横須賀市内にある汐入や横須賀中央も配線は異なるが駅の両側をトンネルに挟まれた構造となっている。◎逸見　2023（令和5）年1月28日　撮影：山内ひろき

2100形の主回路システムはシーメンス製で、起動時に音階を奏でることから通称「ドレミファインバータ」や「歌う電車」などと呼ばれた。なお「歌う電車」として京急の方が有名ではあるが、最初に導入したのはJR東日本のE501系で、こちらは2100形とブレーキが異なり減速時もきっちり音階を奏でて、よりはっきりとしている。写真は堀ノ内駅に到着する上り快特で、当駅は浦賀方面の本線と久里浜・三崎口方面の久里浜線との分岐駅である。近くの丘からは東京湾や猿島を望むことができる。◎堀ノ内　2021（令和3）年7月31日　撮影：中村栄史

久里浜線

2100形では車内はすべての座席を進行方向に揃えられるよう空気圧で一括自動転換するノルウェー製のクロスシートが採用された。そのため手動では転換ができず早朝の特急やエアポート急行といった横浜方面⇄羽田空港の列車では京急蒲田で方向が変わる際に転換はなされず座席は逆向きになってしまう。また窓内枠は800形以降続いていたFRP製は採用せず、アルミ製になった。写真は2015年の車体更新工事の際に2157編成と入れ替わりで「京急ブルースカイトレイン」となった2133編成。散り際の河津桜の脇を走り抜ける。
◎三崎口～三浦海岸　2021（令和3）年2月24日　撮影：中村栄史

「京急ブルースカイトレイン」は2004年12月の羽田空港第2旅客ターミナル開業に合わせて羽田空港駅をPRするために実施されたシンボル電車で、車体が羽田空港の空と三浦半島の海をイメージしたKHK青一色で塗られている。写真の2157編成は2005年6月に600形606編成に続く形で塗り替えられた2100形。2015年に車体更新工事を受けた際に2133編成と入れ替わる形で元のKHK赤とKHKクリームの配色に戻された。◎津久井浜～京急長沢　2007（平成19）年4月26日

毎年２月下旬に見頃となる三浦海岸〜三崎口の線路沿いにある河津桜並木。毎年多くの人が訪れるこの桜並木は1999年から４年ほどかけて「三浦海岸まちなみ事業協議会」が伊豆・河津町から河津桜の苗木を購入し植栽したものだそうで、小松ヶ池公園一帯におよそ1000本が植えられているそうだ。◎三浦海岸〜三崎口　2020（令和２）年２月23日

1990年8月に登場した1500形1700番台では省エネや保守の低減のために、他社では既に導入されていたVVVFインバータ制御を初めて採り入れた。車体は1600番台と同じくアルミ合金製だが、落成時からスカートが取り付けられた。基本的に編成ごとに制御装置は揃えられているが、写真の1713編成では東洋電機製造製と三菱電機製 両方の制御装置をユニットごとにそれぞれを搭載して登場した。◎三崎口〜三浦海岸　2017（平成29）年10月9日

三崎口駅で並んだ2100形と新1000形。新1000形は2100形の車体や主要機器をベースに製造された車両でいわば兄弟車のようなものだ。久里浜線は1942年に久里浜まで開業し、戦後に野比（現・YRP野比）、津久井浜、三浦海岸と徐々に延伸され、1975年に三崎口まで開業した。この先にある油壺まで建設予定であったが、反対運動や用地買収に難航しバス連絡駅として三崎口駅を設置した。三崎口から先の一部区間は建設されており、掘割などをみることができる。また油壺までの延伸事業は2016年に凍結が決定された。◎三崎口　2016（平成28）年5月2日

2000形登場とブルーリボン賞受賞30周年を記念して2013年に2011編成を登場当初の配色にしたリバイバル塗色車が登場した。3扉化後にこの配色になるのは初めてであった。当初は2年程度の予定であったものの2018年の廃車までこのまま維持された。2000形で最後まで運用された編成で引退直前の数日間は引退記念ステッカーが貼り付けられた。またこの編成は登場して間もない1984年に御乗用列車として運転されたこともある。
◎久里浜検車区　2018（平成30）年3月25日　撮影：寺澤一憲

空港線

空港線は穴守稲荷への参拝客輸送用の穴守線として開業し、羽田空港駅（初代）開設後に空港線と改称したが、ローカル支線状態が長く続き本格的な空港アクセス線としては1998年のターミナル直結の羽田空港駅（2代目）（現・羽田空港第1・第2ターミナル）開業からであった。写真は東京都交通局5500形が地下にある大鳥居駅から地上に駆け上がってくるところだが、このように空港線は京急蒲田が重層高架駅、糀谷が高架駅、大鳥居駅は地下駅、穴守稲荷駅は地平駅、天空橋駅〜は地下駅とまるでジェットコースターのように高低差のある路線となっており、エアポート快特や快特から被り付きでみると面白い。◎大鳥居〜穴守稲荷　2020（令和2）年3月12日

快速特急運用から外された2000形は1998年から2000年にかけて順次車両中央にドアを設ける3扉化改造が行われ、内装も2扉クロスシートから3扉ロングシートへと改造。また車体塗色も優等仕様のものから普通車仕様のKHK赤にKHK白の細帯が入ったものに変更された。8両編成は日中に運用がない時期も長らくあったが、晩年は横浜方面からのエアポート急行運用などで終日運用された。また4両編成は増結用のほか、単独で普通運用でも多く使われた。写真のエアポート急行は横浜方面からの列車のため京急蒲田駅の2Fのホームを発車し、糀谷駅に到着する
◎糀谷　2018（平成30）年1月17日　撮影：志塚太郎

2012年に高架化が完成した京急蒲田駅は京急本線の上下線が違う階にある重層高架になっている。空港線は品川方面、横浜方面両方から直通列車があるため京急蒲田〜糀谷は単線並列となっており、写真奥にあるシーサスクロスで振り分けられている。またこの付近の高架化完成により、第一京浜を横断していた踏切は解消された。写真のエアポート急行は品川方面からの列車なので、京急蒲田駅3Fホームを発車し、奥の高架線を下ってきて、空港線下り本線へ転線した。また京成電鉄3050形は2010年の成田スカイアクセス線用として3000形の7次車として製造された。現在は3100形に合わせてオレンジ色や京成本線系統に転属し他の3000形と同じ標準色に変更され、この色の車両はいなくなった。
◎京急蒲田〜糀谷　2017（平成29）年4月15日

大師線

KHK赤の車体色に窓下にKHK白の帯が入った最後の新造車となった1500形は現在の京急の在籍車両の中で営業用の車両としては一番古い形式となった。普通鋼製車では2001年より更新工事を実施され、アルミ車と仕様を共通にしてメンテナンス性を上げるために戸袋窓や妻窓が埋められた他、スカート設置などがなされた。写真の京急川崎駅の大師線ホームは高架上にある本線とは異なり地上に設置されており、頭端式2面2線となっている。また大師線は川崎大師への参拝客輸送のため1899年に大師電気鉄道（のちの京浜電気鉄道）が開業させた京急で一番古い路線だ。
◎京急川崎　2017（平成29）年5月3日

大師線や空港線などの支線区で1978年まで活躍した230形は晩年大師線では４両編成、空港線では３両編成で運転されていた。写真は大師線港町〜京浜川崎を走行するもので、先頭車のデハ230形275号は京浜電気鉄道デ83形90号として登場し、1978年に廃車となり高松琴平電気鉄道へ譲渡され30形29号となった。
◎港町〜京浜川崎（現・京急川崎）　1976（昭和51）年

湘南電気鉄道デ１形とデ26形、京浜電気鉄道デ71形とデ83形は戦時統制化のいわゆる大東急への合併時にデハ5230形に改番された。その後、京浜急行電鉄への分離独立時にデハ230形へと再度改番されている。写真の京浜電気鉄道デ83形91号として登場したデハ230形276号は1980年に高松琴平電気鉄道へ譲渡され30形26号となった。
◎京浜川崎（現・京急川崎）〜港町　1977（昭和52）年

大師線の終点である小島新田駅から発車したデハ230形。写真右手から合流する線路は川崎貨物駅から川崎大師駅付近にある味の素川崎工場への貨物線。1997年に廃止になるまで写真の付近から鈴木町駅手前まで大師線の下り本線と線路を共用していたが、標準軌の1435mmの京急と狭軌の1067mmの国鉄線であるため、この区間は3線軌条となっており、大師線の運行に支障しないように貨物列車は深夜帯に運行されていた。◎小島新田　1976（昭和51）年

旧1000形は非冷房車の冷房化改造が落ち着くと新製冷房車の更新工事が1988年から1994年にかけて行われた。この際に、行先方向幕や種別幕が黒地に白文字のものに変更された。これにより新製冷房車は黒幕、冷房改造車は白幕と呼ばれるようになった。その後2002年頃から旧1000形は新1000形の登場により急速に数を減らし、2005年に白幕車が全廃となり、2008年には浅草線乗り入れ廃止、2010年6月に営業運転を終えた。その後、救援用で2両が残っていたが2011年に廃車となった。◎京急川崎〜港町　2010（平成22）年3月28日　撮影：フジモリケイタ

1967年に登場した700形は4両編成が84両製造された。他社がラッシュ時の激しい混雑のために両開きドア車を導入する中、京急では片開き扉と両開き扉の乗降時間の差がないとの判断で片開き4扉で登場した最初の形式。先頭車が電動車で中間車を付随車とし、同時期に導入されている全車電動車の1000形より安く導入できたようだ。また非冷房車で登場した700形であったが、80年代に冷房化改造がなされている。◎東門前〜産業道路（現・大師橋）

運用としては主電動機出力が150kWと強力だったため、ラッシュ時の品川止まりの特急運用などで使われた他、支線区の大師線では1978年から2005年の形式消滅まで長らく運行された。1998年から2005年までに全車廃車になり、現在は一部先頭車が高松琴平電気鉄道に譲渡され、1200形として2両編成で活躍している。写真は引退直前でさよならヘッドマークを付けたものだ。◎撮影：村上暁彦

大師線の産業道路～小島新田にあった首都高横羽線の下を走る産業道路をまたぐ踏切。上下合わせて7車線ある交通量の多いこの踏切は頻繁に列車が通過することから渋滞の原因となっており、この踏切を除去するために東門前～小島新田間の連続立体化工事（地下化）が行われた。工事は2006年に始まり、用地買収の難航などもあり2019年にようやく産業道路駅（現・大師橋）共々地下化され、踏切は無くなった。当初は大師線京急川崎～小島新田の全線を地下化するという壮大な計画であったが、京急川崎～川崎大師は中止されている。
◎産業道路（現・大師橋）～小島新田
2018（平成30）年11月27日

大師線川崎大師駅で離合する普通鋼製車の1501編成とアルミ合金車の1521編成。前面の屋根肩部分の形状が異なっているのが分かる。この1521編成以降の1500形は京急初のアルミ合金製車体となった。またこれにより戸袋窓は無くなった。1988年には4両と6両が製造され、4両編成は普通鋼製車からの続番で登場しているが、新たに登場した6両編成は番台が区分され、1601〜からはじまった。なお写真の1521編成は「京急120周年の歩み号」のラッピングが施されている。◎川崎大師　2018（平成30）年7月20日

1985年と1986年に製造された1500形最初の20両は4両編成で落成し、普通鋼製で戸袋窓がある。また前面が丸み帯びているのが大きな特徴。登場時はスカートが無い。また3基あったパンタグラフは1989年までに2基へと改められた。現在でも撤去跡は分かる状態になっている。この普通鋼製車は2001年に行われた浅草線直通快特の120km/h化で、増圧ブレーキ化が行われなかった。◎2020（令和2）年1月1日

2014年5月から運転された新1000形「しあわせの黄色い電車(KEIKYU YELLOW HAPPY TRAIN)」。これが西武鉄道の車両に似ているという声が多数寄せられたことから、京急側からの申し出により西武鉄道との共同企画となり、西武側は9000系1編成を京急カラーに塗装して2014年7月より「幸運の赤い電車(RED LUCKY TRAIN)」として2020年まで運行された。◎西武鉄道池袋線 小手指〜西所沢 2020(令和2)年5月4日

旧1000形は廃車後に時期を分けて2回高松琴平電気鉄道へ譲渡されている。まずは1988年から1991年に12両が譲渡された1080形と2007年と2011年に4両ずつ譲渡された1300形だ。高松琴平電気鉄道では2019年3月に1080形で「還暦の赤い電車」、2020年に「情熱の赤い電車」をラッピングしたが、3弾目となる2022年5月から車体広告「追憶の赤い電車」として京急時代の塗色にラッピングされた。このうち1305号車は京急時代とことでん時代共に同じ車番が振られた珍しい車両となっている。◎高松琴平電鉄 仏生山車庫 2022(令和4)年3月1日 撮影：寺澤一憲

逗子線

金沢八景駅付近には総合車両製作所横浜事業所（旧・東急車輛製造）があり、新車などの出荷時や改造車両搬入などの際に逗子線を経由してJRの専用線と連絡する神武寺まで輸送される。そのため金沢八景から神武寺までの上り線は狭軌と標準軌の3線軌条となっている。この3線軌条の場合、狭軌と標準軌は片側のレールを共用する関係から軌道中心線がずれており、六浦駅の上りホームでは狭軌車両が接触してしまうため2011年まではホームを離して設置していた。しかし京急の車両とホームの隙間が大きく開くため、ホームの前後に共用するレールを外側から内側に入れ替える振り分け分岐器を設置して隙間を解消した。◎六浦　2023（令和5）年1月28日　撮影：山内ひろき

逗子線は湘南電気鉄道が1930年に金沢八景〜湘南逗子で開業した。三浦半島の根元を横断して東京湾と相模湾を結ぶ路線で、京急としては唯一相模湾側の市街地にたどり着いた路線だ。また葉山方面への延伸も検討されていたが、断念されている。写真の神武寺〜六浦は武蔵国と相模国の国境で三浦半島の分水嶺でもあるため、ちょっとした峠越え区間となっている。また逗子線内まで乗り入れる都営車の運用がある。主にエアポート急行だが、夜には上りだけだが金沢文庫行き普通も運行されている。◎神武寺〜六浦　2023（令和5）年1月28日　撮影：山内ひろき

都営浅草線内

東京都交通局馬込車両検修場に並んだ地下鉄1号線（都営浅草線）関係の車両たち。左から京成電鉄3000形、千葉ニュータウン鉄道9200形、京浜急行電鉄1000形、東京都交通局5300形、同5500形、同5300形、同12-000形、同E5000形。12-000形は大江戸線用の車両だが、大規模な検査は馬込で行なっており、E5000形電気機関車の牽引で汐留連絡線を経由して浅草線に入線している。◎馬込車両検修場　2017（平成29）年12月9日

2100形は当初、京成線内は成田空港までの直通を想定していたため、浅草線乗り入れに備えて前面の非常扉を有するが、2扉クロスシートという構造が仇となり定期列車での乗り入れはない。しかし走行すること自体は可能となっている。そのため浅草線との接続駅となる地下鉄駅の泉岳寺までは乗り入れることができる。写真は馬込車両検修場で行われた都営フェスタでの様子。隣に並ぶ京成AE100形も2100形と同様に浅草線直通を目論み製造された車両ではあったが、営業運転で乗り入れることはできなかった。
◎馬込車両検修場
撮影：村上暁彦

京成線内

1968年6月21日に都営1号線（現・都営浅草線）大門〜泉岳寺と京急本線品川〜泉岳寺が開業し、念願の直通運転が開始された。当初は特急列車が押上まで直通運転を行なった。これと同時に今や京急の主力となっている快速特急も登場し、当時は日中のみの運転であった。これに先立ち5月には地下鉄乗り入れ対応編成6両編成6本が登場している。また京成との直通運転は1970年ごろからはじまった。写真は京成線荒川（現・八広）駅を発車する旧1000形。
◎京成押上線 荒川（現・八広）　1982（昭和57）年5月9日　撮影：三本木耕作

1500形1700番台は全編成8両編成であることから浅草線直通の快特や特急を中心に運用され、京成線や北総線などにも乗り入れている。6編成が製造され、運用に付いていたが1701編成が2012年9月に追浜～京急田浦で発生した土砂崩れに乗り上げて翌年に廃車となったため、現在運用に入っているのは5編成となっている。
◎京成押上線 四ツ木～京成立石　2020（令和2）年7月2日　撮影：志塚太郎

再び全塗装に戻った新1000形のうち、8両編成は京急120周年に合わせて1200番台とされ、120周年となる2018年2月から営業運転を開始した。この8両編成は2017年12月14日に総合車両製作所横浜事業所から出場した際に一部塗装作業を京急ファインテック久里浜事業所で行うため、ドアや前面以外の車体ステンレス部分がKHKクリーム1色塗りで登場し、金沢八景から京急ファインテック久里浜事業所までそのままの姿で走行した。
◎京成本線 京成高砂～青砥　2021（令和3）年12月31日

新1000形のアルミ車体車は主電動機や主制御器が2100形と同じくシーメンス製のものとなっており、起動時に主回路からドレミファといった音階のような磁気音を奏でる。そのためドレミファインバータと呼ばれ親しまれた。新1000形は2100形より起動加速度が向上したため、テンポも速くなった。また浅草線や京成、北総などにも乗り入れるため、地下鉄の向こう側でもドレミファの音を奏でていった。2003年までの製造車はGTOサイリスタであったが、2005年製造車からはIGBT素子へ変更されてたため、この音階は奏でなくなった。また従来の音階を奏でていた編成も機器更新工事で聞くことができなくなり写真の1033編成が京急最後のドレミファインバータ車となった。
◎京成本線 青砥〜京成高砂　2021（令和3）年5月23日

京成電鉄本線と北総鉄道北総線の分岐駅である京成高砂駅から押上線の分岐駅である隣の青砥駅までは複々線となり、両駅で本線、押上線、北総線の交互間の列車接続が行われている。そのため列車が並びことが多くこのような4並びも頻繁に見られる。車両は左から東京都交通局5300形、北総鉄道7500形、京浜急行電鉄1000形、京成電鉄3700形だ。
◎京成本線 京成高砂　2018（平成30）年4月22日

KEIKYU YELLOW HAPPY TRAINの車体色はデトが纏っている"KHK黄"ではなく"KHK西武イエロー"、京急の旅客車両ではKIIK赤、KHK青に次ぐ3色目となった。この色が西武鉄道の車両に似ているとの声から西武鉄道と共同企画が行われ、西武鉄道では9000系に京急カラーが塗られた。登場時は側面扉がシルバーであったが、運行期間が延長さ

れた2017年4月からは扉も含めてKHK西武イエローに塗られている。写真は2018年に「キリン生茶」の広告ラッピングしたもの。右側には千葉ニュータウン鉄道の9800形が停車している。
◎京成本線 京成高砂　2018（平成30）年12月6日

京成電鉄京成高砂駅で並ぶ600形606編成の京急ブルースカイトレインと千葉ニュータウン鉄道9200形。都営浅草線や京成線まで乗り入れている600形は登場時に東京の地下鉄を走る全車クロスシート車ということで注目を浴びたが、2005年から扉間の座席のロングシート化が全車で実施された。しかし車端部はクロスシートが残されており、地下鉄線内でのクロスシートは今も楽しむことができる。◎京成本線 京成高砂　2016（平成28）年7月10日

北総線内

北総線の東松戸駅を発車する新1000形アクセス特急成田空港行きと到着する千葉ニュータウン鉄道9100形（C-Flyer）の普通羽田空港き。新1000形も旧1000形同様に１号線直通車両規格となっており、都営浅草線を介して京成本線や北総線に乗り入れている。また営業最高速度が120km/hのため京成成田空港線（成田スカイアクセス線）にも乗り入れているが、こちらは基本的に1121編成以降が入線している。◎北総線 東松戸　2015（平成27）年８月６日

2007年3月登場した京急初のステンレス車。車番はこれまでの新1000形から続番となっているものの、アルミ合金車と異なり、先頭部のみ普通鋼でポリウレタン樹脂塗料を用いて塗装し、それ以外の車体は無塗装で代わりに幕板部や腰板部にはカラーフィルムを貼り付けているが、窓周りの本来KHKクリームで塗られる部分には貼り付けられていない。また車内は車内は車端部も含めてロングシートとなった他、制御機器や主制御器は国産の三菱電機製に変更された。このステンレス地が見えている車両は4両編成11本、6両編成14本、8両編成15本製造された。
◎北総線 白井〜新鎌ヶ谷
2018（平成30）年4月1日

2002年2月に登場した新1000形は当初アルミ合金製で全面塗装が施されていた。登場から15年が経過した2017年からは順次更新工事が行われ、制御装置がシーメンス製から三菱電機製に変更され、ドレミファの音階を奏でなくなり、一部窓が開くようになった。また正面の非常扉には「けいきゅん」のステッカーが貼られた。
◎北総線 西白井～白井
2021（令和3）年3月30日

【著者プロフィール】

山内ひろき（やまのうちひろき）

1990年（平成2年）東京都生まれ。近所に貨物駅などがあり鉄道に多く触れ合う環境で育ってしまい根っからの鉄道好きとなった。現在は会社員の傍ら、鉄道関係書籍などの原稿を執筆している。

【写真撮影】

石川勇治、宇野仁志、大澤一重、御地蔵念佛、五井勝雪、木村優光、小西隆博、小林正勝、小山勇太、三本木耕作、志塚太郎、タナカヨシタケ、寺澤一憲、中村栄史、フジモリケイタ、松村紘平、村上暁彦、柳生鉄心斎、山田一輝、山内ひろき、PIXTA

【参考文献】

鉄道ピクトリアル（電気車研究会）
鉄道ファン（交友社）
京急電車の運転と車両探見（JTBパブリッシング）
京浜急行電鉄ニュースリリース
交通新聞（交通新聞社）

京急電鉄
～1990年代以降の写真記録～

発行日・・・・・・・・・・・・・・・・・・・2023年3月3日 第1刷 ※定価はカバーに表示してあります。

解説・・・・・・・・・・・・・・・・・・・・・・山内ひろき
発行人・・・・・・・・・・・・・・・・・・・高山和彦
発行所・・・・・・・・・・・・・・・・・・・株式会社フォト・パブリッシング
　　　　　　　　　　　　〒161-0032　東京都新宿区中落合2-12-26
　　　　　　　　　　　　TEL.03-6914-0121 FAX.03-5955-8101
発売元・・・・・・・・・・・・・・・・・・株式会社メディアパル（共同出版者・流通責任者）
　　　　　　　　　　　　〒162-8710　東京都新宿区東五軒町6-24
　　　　　　　　　　　　TEL.03-5261-1171 FAX.03-3235-4645
デザイン・DTP・・・・・・・・・柏倉栄治
印刷所・・・・・・・・・・・・・・・・・・・新星社西川印刷株式会社

ISBN978-4-8021-3384-5 C0026